LA HISTORIA OCULTA

EL CEMENTERIO AFRICANO

Therese M. Shea
Traducción de Ana María García

Gareth Stevens
PUBLISHING

Please visit our website, www.garethstevens.com. For a free color catalog of all our high-quality books, call toll free 1-800-542-2595 or fax 1-877-542-2596.

Cataloging-in-Publication Data

Names: Shea, Therese, author.
Title: El Cementerio Africano / Therese M. Shea, translated by Ana María García.
Description: New York : Gareth Stevens Publishing, 2017. | Series: La historia oculta | Includes index.
Identifiers: ISBN 9781482462180 (pbk.) | ISBN 9781482462197 (library bound) | ISBN 9781482461497 (6 pack)
Subjects: LCSH: African Burial Ground (New York, N.Y.)–Juvenile literature. | Slaves–New York (State)–New York–History–Juvenile literature. | African Americans–New York (State)–New York–History–Juvenile literature. | Excavations (Archaeology)–New York (State)–New York–Juvenile literature. | New York (N.Y.)–Antiquities–Juvenile literature.
Classification: LCC F128.9.N4 S54 2017 | DDC 974.7/01–dc23

First Edition

Published in 2017 by
Gareth Stevens Publishing
111 East 14th Street, Suite 349
New York, NY 10003

Translator: Ana María García
Editorial Director, Spanish: Nathalie Beullens-Maoui
Editor, Spanish: Cristina Brusca
Editor, English: Therese Shea
Designer: Katelyn E. Reynolds

Photo credits: Cover, pp. 1, 27, 28 Carol M. Highsmith/Buyenlarge/Getty Images; cover, pp. 1–32 (tear element) Shahril KHMD/Shutterstock.com; cover, pp. 1–32 (background texture) cornflower/Shutterstock.com; cover, pp. 1–32 (background colored texture) K.NarlochLiberra/Shutterstock.com; cover, pp. 1–32 (photo texture) DarkBird/Shutterstock.com; cover, pp. 1–32 (notebook paper) Tolga TEZCAN/Shutterstock.com; p. 5 Keith Getter/Moment Mobile/Getty Images; p. 7 Globe Turner/Shutterstock.com; pp. 9, 23, 25 STAN HONDA/AFP/Getty Images; p. 10 Bill O'Leary/The Washington Post/Getty Images; p. 13 Blaue Max/Wikipedia.org; p. 14 Patrickneil/Wikipedia.org; p. 17 (inset) Kean Collection/Getty Images; p. 17 (main) MPI/Getty Images; pp. 19, 20 7mike5000/Wikipedia.org.

Printed in the United States of America

CPSIA compliance information: Batch #CW17GS: For further information contact Gareth Stevens, New York, New York at 1-800-542-2595.

CONTENIDO

Las palabras del glosario se muestran en **negrita** la primera vez que aparecen en el texto.

LA HISTORIA ENTERRADA

En 1991, durante el acondicionamiento de un terreno para la construcción de un nuevo edificio de oficinas federales en una agitada y concurrida zona de la ciudad de Nueva York, se produjo un sorprendente descubrimiento: un esqueleto. En posteriores excavaciones apareció otro esqueleto, y otro, y después otro. Todos juntos, los huesos de 420 hombres, mujeres y niños, fueron exhumados o desenterrados. Las investigaciones revelaron que los huesos pertenecían a personas africanas que vivieron en los siglos XVII y XVIII. Esta zona de Nueva York había sido un cementerio destinado tanto a africanos libres como esclavos durante la época colonial.

El Cementerio Africano, como se conoce hoy, es considerado por muchos como uno de los más importantes descubrimientos arqueológicos del siglo XX. Este descubrimiento nos ha proporcionado datos fundamentales de cómo era la vida de los africanos en New York durante la época colonial, tanto de los hombres libres como de los que eran esclavos.

AL DESCUBIERTO

El primer cuerpo fue hallado a 20 pies (6 metros) bajo tierra, en la esquina de Broadway y la calle Reade, en el Bajo Manhattan, en la ciudad de Nueva York.

ANTES DE LA CONSTRUCCIÓN

Antes de empezar la construcción de un edificio, se realiza un estudio medioambiental sobre su impacto. Los profesionales en la materia analizan cómo afectaría el nuevo edificio a la vida de la gente, animales e, incluso, a las plantas que lo rodean. Otra parte del estudio indaga sobre la historia del lugar. Mapas históricos indicaron que el terreno donde el edificio federal se iba a construir había sido un cementerio. Sin embargo, se pensó que construcciones anteriores habrían "**destruido** cualquier resto."

Así es como luce el Cementerio Africano en la actualidad.

LO QUE REVELAN LOS RESTOS

Los huesos, muchos de ellos en ataúdes deshechos, fueron retirados de allí y transportados a una universidad cercana. Después, el laboratorio Cobb, en Washington, DC, fue elegido para examinar los restos. Esta respetada institución de investigación está relacionada con la históricamente negra Universidad Howard, así considerada dado que gradúa a más doctorados afroamericanos que cualquier otra universidad de Estados Unidos.

Los restos humanos pueden aportar mucha información sobre cómo era la vida de una persona, incluso lo que comía. Por ejemplo, los científicos examinaron los dientes de las personas que encontraron en el cementerio africano. Fallas en los dientes revelaron una dieta pobre. Comparando estos dientes con los de los africanos que permanecieron en África toda su vida, vemos que la gente hallada en el cementerio probablemente sufrió de **malnutrición**. Dietas pobres y condiciones de vida poco saludables fueron posibles factores.

AL DESCUBIERTO

El cementerio es aún más grande que el área que fue desenterrada. Se piensa que podría abarcar más de 6 acres (2.4 hectáreas).

¿ENVENENADOS?

Los investigadores del cementerio encontraron altos niveles de plomo en muchos de los huesos. Cuanto más tiempo habían vivido en Nueva York, más altos eran los niveles de plomo. Los efectos del envenenamiento con plomo se traducen en baja energía, poco apetito, dolores de cabeza, crecimiento lento, pérdida de audición y otros problemas de salud. Es especialmente dañino en los niños. ¿De dónde procedía el plomo? No hay manera de saberlo, pero las diferentes posibilidades incluyen la existencia de plomo en contenedores de comida o en bebidas.

Este mapa muestra los límites del Cementerio Africano sobre las actuales calles de Nueva York.

Cada esqueleto exhumado fue etiquetado con un número. Los científicos registraron sus condiciones y otros rasgos de identificación. Por ejemplo, la "Sepultura 254" correspondía a los restos de un niño de entre 3 y 6 años. Junto al pequeño, se encontró un fragmento de una joya de plata, que podía ser un pendiente o la pieza de un collar.

La "Sepultura 205" correspondía al esqueleto de una mujer joven que tenía más fracturas, o huesos rotos, que ninguno de los demás esqueletos examinados. Tenía huesos destrozados en los brazos, piernas, columna vertebral y cráneo, entre otras partes del cuerpo. Sin embargo, los científicos no saben si fueron el resultado de un terrible accidente o de un ataque violento.

Saber cosas sobre este y otros restos nos hace pensar en ellos no solo como un conjunto de huesos, sino como personas que tuvieron su historia.

SEPULTURA 25

La "Sepultura 25" correspondía a una mujer de poco más de 20 años. Los científicos saben que murió de muerte violenta. La prueba está en una bala de **mosquete** encontrada en su caja torácica. Creen que le dispararon por la espalda. Su atacante la sorprendió o quizá ella estuviera huyendo. Los huesos rotos de su cara demuestran que fue golpeada. El crecimiento óseo sugiere que vivió unos pocos días más después del incidente, antes de morirse, probablemente sufriendo grandes dolores.

AL DESCUBIERTO

La "Sepultura 259" podría corresponder a una mujer vestida con ropa de hombre. Posiblemente se disfrazara para poder desempeñar cierto tipo de trabajos, o para escaparse de sus dueños.

Los africanos libres y los que estaban bajo esclavitud en Nueva York conducían pesadas carretas, caballos, barcos y molinos. Un accidente con alguno de estos elementos podía aplastar a una persona hasta causarle la muerte, lo que explicaría algunas de las fracturas.

AL DESCUBIERTO

Algunos estiman que es posible que otros 20,000 cuerpos más estén enterrados en otras partes del cementerio.

En la Universidad Howard, un investigador mira un mapa que detalla dónde fueron localizados los cuerpos en el cementerio.

El Dr. Michael Blakey, antropólogo y director científico en Biología Ósea para el proyecto del cementerio, fue uno de los muchos científicos que participaron en el estudio de los huesos. Determinó, con espanto, que la mitad de los africanos ni siquiera había llegado a la adolescencia. Otros vivieron solo por poco tiempo, en la colonia, antes de morir. Indudablemente, la dureza de su existencia tiene mucho que ver en esto. Los esqueletos reflejaban una vida llena de dificultades: lesiones y huesos rotos eran un indicio de que trabajaban hasta el agotamiento o incluso hasta morir.

Seguramente los esclavos africanos eran utilizados para diferentes trabajos en el ajetreado puerto marítimo. El papel que tuvieron los africanos en el crecimiento de Nueva York en la época colonial no había recibido mucha atención, pero la excavación del cementerio cambió por completo esta percepción.

ANTROPÓLOGOS Y ARQUEÓLOGOS

Se necesitaron muchas clases de científicos para desenterrar y examinar los restos óseos del Cementerio Africano. Los antropólogos son científicos que estudian a los humanos, sus orígenes y su modo de vida, pasado y presente. El arqueólogo es un tipo de antropólogo que estudia el pasado de la vida del hombre a partir de los huesos, herramientas y otros **artefactos**. Muchos trabajaron en retirar cuidadosamente los huesos para que no se estropearan en la excavación. Este trabajo exige un meticuloso esfuerzo.

LA VERDADERA HISTORIA DE NUEVA YORK

Los libros de historia casi siempre se centran en la esclavitud en el sur de Estados Unidos, pero los esclavos africanos tuvieron siempre una mayor presencia en Nueva York. En 1626, los holandeses establecieron un centro de comercio, que llamaron la Nueva Ámsterdam, en la punta de lo que hoy es Manhattan. Se convirtió en parte de la colonia holandesa de la Nueva Holanda. La Compañía Holandesa de las Indias Occidentales importaba esclavos del Caribe para proyectos de construcción y para trabajar en el comercio de pieles. En 1655, los primeros esclavos provenientes directamente de África llegaron a Nueva Ámsterdam.

Construir una colonia suponía mucho trabajo. Se tenían que limpiar los campos para construir las casas y eran necesarios muelles para los barcos. Los esclavos ensanchaban los caminos que habían hecho los nativos americanos y los preparaban para los carruajes de caballos. Los africanos también construían y trabajaban en los aserraderos para hacer madera destinada a proyectos de construcción.

AL DESCUBIERTO

Existe documentación sobre un esclavo llamado Antonio, el Portugués, quien presentó una demanda judicial contra un hombre de negocios blanco en 1638, después de que el perro del hombre blanco lastimara al cerdo del esclavo. El esclavo ganó el juicio.

ALGUNOS DERECHOS

El antropólogo Michael Blakey piensa que los esclavos constituían más del 40% de la población de la Nueva Holanda. Bajo el dominio holandés, los esclavos de la Nueva Holanda tenían algunos derechos. Se podían casar, trabajar para ellos mismos cuando no tenían que hacerlo para sus amos y poseer alguna propiedad. Podían incluso entablar una **demanda** contra las personas blancas. Estos eran derechos que muchos esclavos no tenían en otras colonias. Sin embargo, la vida de los esclavos seguía siendo muy dura. Y normalmente no tenían control sobre su destino.

"En este país existe un mito acerca de un Sur esclavista frente a un Norte amante de la libertad", señaló el antropólogo Michael Blakey. El Cementerio Africano demuestra que esta no es la verdadera historia de Estados Unidos.

AL DESCUBIERTO

El primer africano en la isla de Manhattan fue un hombre llamado Jan (o Juan) Rodrigues. Era un marinero, negro libre, de Santo Domingo (ahora República Dominicana) que llegó en 1613.

Nueva York fue nombrada por Jacobo II, duque de York y más tarde rey de Inglaterra. Esta foto de Nueva Ámsterdam fue tomada el mismo año en que Inglaterra se la quitó a los holandeses.

En 1644, a algunos esclavos se les permitió cultivar la tierra al norte de la Nueva Holanda. Se les llamaban *esclavos semilibres* porque a cambio de su libertad, accedieron a compartir parte de su grano y ganado. También se comprometieron a trabajar de vez en cuando para la Compañía de la Indias Occidentales. Más tarde, se les concedió la libertad absoluta, algo que no era inusual para los esclavos bajo el dominio holandés. Hay otros informes de esclavos que solicitaron y recibieron su libertad.

Sin embargo, la colonia de la Nueva Holanda fue conquistada por Inglaterra en 1664 y poco después se convirtió en la colonia británica de Nueva York. Nueva Ámsterdam, ahora Nueva York, se convirtió en un bullicioso centro comercial. Hacia 1700, la ciudad tenía casi 5,000 habitantes. Y hacia 1750, el 20% de los residentes eran africanos.

SALVADO DE LA HORCA

Algunos de los esclavos a los que habían proclamado "semilibres" en 1644 habían sido declarados culpables de asesinato unos años antes. Habían confesado haber matado a otro esclavo. En lugar de colgarlos a todos, el tribunal decidió echarlo a la suerte y así solo uno moriría por el crimen. Cuando iban a colgar al esclavo seleccionado, la cuerda se rompió. En lugar de intentar colgarlo de nuevo, el tribunal hizo prometer a todos los involucrados que seguirían trabajando y que obedecerían la ley, lo cual hicieron.

La vida para los esclavos comenzó a ser más dura bajo el dominio británico. Tenían menos derechos que con los holandeses. Por ejemplo, no podían reunirse más de tres africanos en público. Los esclavos también tenían **toque de queda**. Ni siquiera se les permitía asistir a los funerales al anochecer, como era costumbre en su tierra natal. Estas leyes fueron una respuesta al miedo que tenían a que los esclavos se alzasen en **rebelión**. Estas leyes británicas también afectaron a los esclavos libres.

A principios de 1700, se abrió en Manhattan un mercado de esclavos. Allí la gente podía comprar o, incluso, alquilar esclavos traídos en barco desde África; algunos no alcanzaban ni los trece años. Al final del siglo XVIII, había cerca de 10,700 negros en Nueva York y en el Condado de Westchester, próximo a la ciudad, de los cuales más del 77% eran esclavos.

REBELIÓN

Los esclavos de Nueva York, como los de otras colonias, no sufrieron siempre en silencio. Algunos se rebelaron. Durante un levantamiento en la ciudad de Nueva York en 1712, veintitrés esclavos prendieron fuego a un edificio, atacaron varios blancos y se dieron a la fuga. Fueron capturados y ejecutados. Otros actos de rebelión fueron más pacíficos, como romper herramientas necesarias para el trabajo o robar al propietario de un esclavo. Estos actos podían suponer riesgo de muerte para el esclavo si se descubrían sus acciones.

AL DESCUBIERTO

En 1741, tuvieron lugar varios incendios en la ciudad de Nueva York de los que echaron la culpa a los negros. A la acusadora, una **sirvienta bajo contrato**, se le prometió la libertad a cambio de delatar a los malhechores. Muchos historiadores sospechan que ella mintió, pero algunos de estos esclavos fueron quemados en la hoguera.

Esta es una imagen de un mercado de esclavos en Nueva York alrededor de 1730. Los esclavos no solo realizaban trabajos duros, muchos eran trabajadores especializados: carpinteros, herreros, impresores, marineros, sastres, panaderos, entre otros.

DE CEMENTERIO A ESTACIONAMIENTO

¿Qué hacían con los esclavos en Nueva York cuando morían? No estaba permitido que los negros, ni los libres ni los esclavos, fueran enterrados en los cementerios con los blancos, o incluso dentro de la ciudad. En 1673, una mujer holandesa, llamada Sara Van Borsum, permitió que unos terrenos que poseía en el límite de la ciudad se convirtieran en un cementerio para los africanos. En los mapas, se señalaba como "cementerio de negros."

Podemos decir que los esclavos tenían servicios funerarios similares al de los colonos de la época en lo referente a cómo eran enterrados. Se les colocaba en ataúdes de madera con los brazos doblados o dispuestos a los lados del cuerpo. Se ponía el ataúd en el suelo con la cabeza orientada hacia el oeste, una tradición cristiana. A veces también se introducían objetos en los ataúdes, como monedas y cuentas.

AL DESCUBIERTO

Solo doce esclavos podían asistir al funeral de otro esclavo.

¿QUIÉN FUE SARA VAN BORSUM?

Los historiadores conocen algunos datos de la vida de Sara Van Borsum. Su padrastro, un ministro, era conocido por apoyar la educación de los niños negros y por oponerse a las guerras con los nativos. Sara era intérprete de la lengua de los nativos americanos y recibió la tierra del cementerio por haber ayudado al gobierno a comunicarse con ellos. También recibió un extenso terreno en Nueva Jersey de parte de los nativos americanos. No estaba en contra de la esclavitud, pues ella era propietaria de al menos seis esclavos.

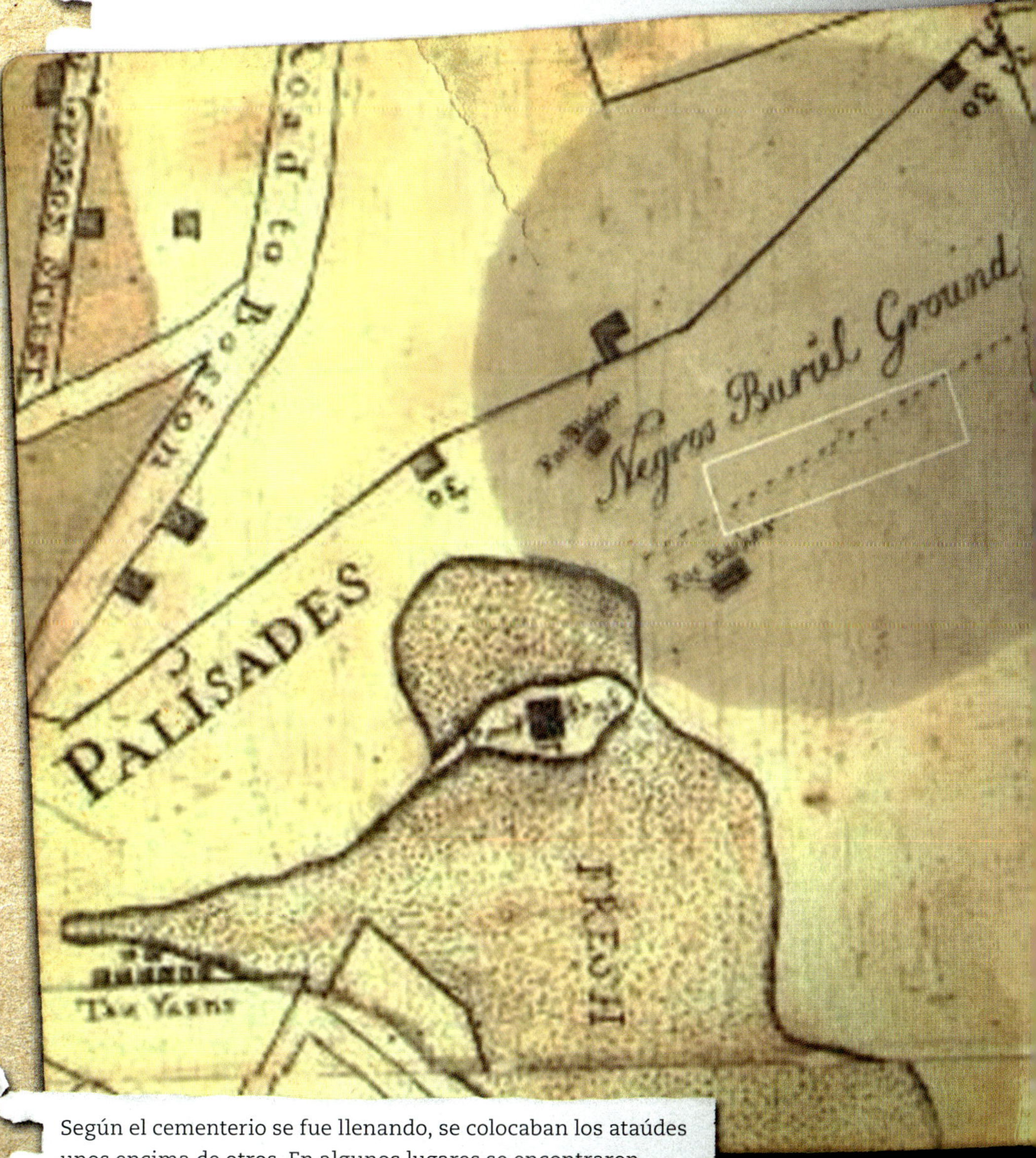

Según el cementerio se fue llenando, se colocaban los ataúdes unos encima de otros. En algunos lugares se encontraron hasta cuatro ataúdes enterrados unos sobre otros.

AL DESCUBIERTO

En 1799, en el estado de Nueva York, se aprobó una ley para abolir la esclavitud. Sin embargo, los hijos de los esclavos todavía tuvieron que prestar trabajo durante varios años más. En Nueva York, los esclavos fueron finalmente liberados el 4 de julio de 1827.

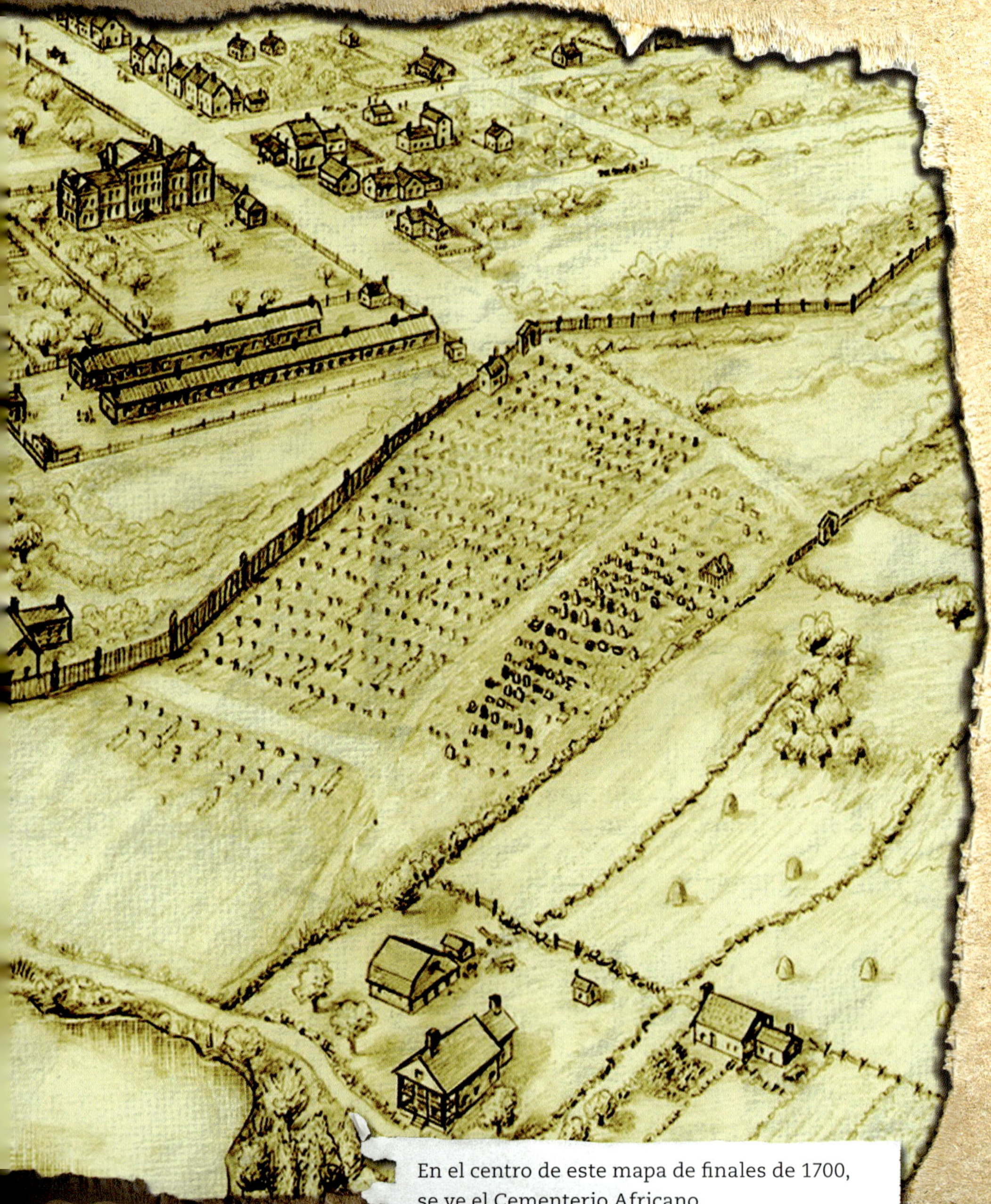

En el centro de este mapa de finales de 1700, se ve el Cementerio Africano.

Hacia 1794, afroamericanos libres habían establecido una sociedad africana, con un nuevo cementerio para negros. Se cerró el antiguo cementerio africano. En aquellos tiempos, la ciudad había crecido considerablemente. Se ejerció más presión en lugares "no utilizados," como los cementerios, para utilizarlos en construcciones. En 1795 el cementerio africano fue dividido y vendido. Dado que se encontraba en un barranco, fue necesario rellenar unos 25 pies (7.6 metros) para nivelar el terreno.

Una vez construidos los primeros edificios, la zona dio un cambio radical, especialmente al derrumbar los antiguos edificios para dar paso a nuevas estructuras. A mediados de 1900, la zona del Bajo Manhattan se convirtió en un centro de muchos edificios gubernamentales y de oficinas. En 1991, cuando se comenzó a excavar para la construcción de un nuevo edificio federal, el antiguo cementerio era justo un estacionamiento de autos.

COMUNIDAD CIMARRONA

Algunos esclavos pudieron escapar de sus amos. En ocasiones, los esclavos fugitivos formaban asentamientos llamados comunidades cimarronas, sobre todo en Suramérica. Pero también se observaron grupos de fugitivos en ciertas zonas de la ciudad de Nueva York, como Harlem y en el este de Long Island. Cuando la ciudad fue tomada por los británicos durante la Revolución Americana (1775-1783), los británicos prometieron libertad a los esclavos que se unieran a su ejército. La ciudad se convirtió, entonces, en una especie de comunidad cimarrona.

LA CONTROVERSIA

Hubo mucha **controversia** en torno al Cementerio Africano después de su redescubrimiento. Muchos no querían que los restos fueran trasladados. Consideraban que exhumar los cuerpos y construir sobre ese lugar era irrespetuoso a la memoria de los africanos allí enterrados. Cuando la Universidad Howard tomó el control de la excavación y de la investigación, los funcionarios gubernamentales prometieron a la gente que todo se llevaría a cabo con el mayor respeto.

¿Y qué pasó con los planes para construir el edificio federal de treinta y cuatro pisos para el que se inició la excavación? Se decidió que la torre del edificio—ahora edificio federal de oficinas Foley Square—se construiría, pero no el pabellón. Además, cualquier edificio nuevo que se pensara construir en la zona del cementerio necesitaría un permiso especial. Aun así, muchos pensaban que este lugar merecía un reconocimiento especial.

AL DESCUBIERTO

El Cementerio Africano fue declarado monumento histórico nacional en 1993.

ENTERRANDO EL PASADO

¿Cómo pudo haber permanecido oculto un cementerio durante doscientos años? El Cementerio Africano no es el único lugar de descanso eterno cubierto con relleno, pavimentado y olvidado mientras la ciudad de Nueva York se expandía. Según el *New York Times*, unos treinta parques de la ciudad se encuentran sobre iglesias, ciudades o cementerios familiares. En otros lugares donde se llevaron a cabo diferentes edificaciones, los restos fueron trasladados o dejados donde estaban, enterrados para siempre bajo calles y edificios.

Esta foto del sitio donde se encuentra el Cementerio Africano, fue tomada en marzo del 2006, antes de que se construyera un monumento especial en su honor.

POR FIN ETERNO DESCANSO

En 2003, los huesos que habían sido retirados del Cementerio Africano fueron preparados para un nuevo entierro. Cada esqueleto fue colocado en un ataúd de madera tallada a mano hecho en el país africano de Ghana.

Cuatro personas fueron seleccionadas para representar a la gente enterrada en el Cementerio Africano: un hombre adulto, una mujer adulta, un niño y una niña. Estas cuatro personas viajaron en procesión desde Washington, DC, hasta la ciudad de Nueva York, parando en aquellas ciudades en las que habían trabajado esclavos africanos. A su llegada a Wall Street, las cuatro personas acompañaron por la ciudad a los coches de caballos en los que portaban los ataúdes hasta llegar al sitio. El 4 de octubre, después de que fueran **velados** toda la noche, los ataúdes fueron depositados en el lugar en que descansarían eternamente.

AL DESCUBIERTO

Unas 10,000 personas asistieron a los Ritos del Retorno Ancestral, una semana de eventos que marcaron el regreso de los restos humanos a su lugar de descanso después de haber sido estudiados durante más de una década.

LAS LÁPIDAS

Teniendo en cuenta las tradiciones africanas, los antropólogos creen que las tumbas originales del Cementerio Africano fueron marcadas. A la cabeza de algunas tumbas se han encontrado losas de piedra. Otras tumbas estaban marcadas con postes de madera o tablas colocadas a la cabeza o a los pies del ataúd. Probablemente los seres queridos de los fallecidos celebraron ritos para honrar a los que allí descansaban y continuaron visitando el cementerio después.

En 2006, el Cementerio Africano fue declarado monumento nacional, lo que significa que está protegido por el Gobierno.

EL MONUMENTO

En 2007, se terminó el **monumento conmemorativo** diseñado por el **arquitecto** Rodney Léon. Es un homenaje a generaciones pasadas, presentes y futuras de africanos y afroamericanos, y un recordatorio de la unión que existe entre ellos. Inscrito en el muro conmemorativo se explica que el monumento es:

"Por todos aquellos que perecieron
Por todos aquellos que fueron capturados
Por todos aquellos que se perdieron en el camino
Por todos aquellos que nunca olvidaremos."

La planta baja del Edificio Federal Foley Square es un centro de visitantes al Cementerio Africano. Allí la gente puede aprender cuál fue el papel de los africanos en el comienzo de Nueva York, así como la historia pasada y presente del cementerio. También se pueden encontrar ejemplos de los hallazgos desenterrados.

AL DESCUBIERTO

Enterrados con los restos se incluyeron 8,000 mensajes escritos por la gente de hoy en día para las personas que fueron encontradas en el cementerio.

LO QUE TE ENCONTRARÁS ALLÍ

El Monumento Nacional Cementerio Africano posee un espacio de reunión para ceremonias, así como una cámara para la meditación. El Muro de la Memoria describe hechos relacionados con la creación del Cementerio Africano. Léon también incluyó muchos símbolos africanos en el monumento. Los visitantes pueden seguir una trayectoria curva que les conduce por un mapa de África, Europa, Norteamérica y Suramérica. El centro de la espiral es el oeste de África, de donde eran los antepasados de muchos neoyorquinos africanos.

El Monumento Nacional Cementerio Africano es un lugar tranquilo para reflexionar sobre el pasado, en el bullicio de la ciudad de Nueva York.

DICE UN ALCALDE

El exalcalde de Nueva York David Dinkins escribió: "Millones de estadounidenses rinden homenaje a la Isla Ellis como símbolo de su identidad común en esta tierra. Otros celebran la roca de Plymouth, en Massachusetts. Hasta hace unos años, los afroamericanos de Nueva York no tenían ningún sitio que pudieran considerar propio. No había un lugar que dijera, 'estamos aquí, hemos contribuido, desempeñamos un papel importante en la historia de Nueva York desde el principio.' Ahora nosotros, sus descendientes, tenemos el símbolo de nuestro patrimonio en el Cementerio Africano del Bajo Manhattan."

AL DESCUBIERTO

El Cementerio Africano es probablemente el único cementerio africano urbano del siglo XVIII conservado en Estados Unidos.

La importancia del Cementerio Africano está presente tanto en el pasado como en el presente. A partir del descubrimiento de los huesos, pasó a ser importante para la comunidad afroamericana de la ciudad de Nueva York hacerse cargo del desenterramiento e investigación de los habitantes del cementerio. Eran sus antepasados. En una entrevista con el *New York Times*, Peggy King Jorde, una funcionaria involucrada con el monumento conmemorativo, explicó: "Hemos podido volver hacia atrás y recuperar un poco de la historia que habíamos perdido."

Con aquel descubrimiento en 1991, la historia del estado de Nueva York siempre deberá incluir el importantísimo papel de sus residentes africanos, fueran esclavos, en semilibertad o totalmente libres. Sin duda, la ciudad de Nueva York creció gracias a su trabajo.

CRONOLOGÍA DEL CEMENTERIO AFRICANO

1673 Sara Van Borsum permite que terrenos de su propiedad, situados en las afueras de la ciudad de Nueva York, puedan ser utilizados como cementerio para africanos.

1794 Se cierra el cementerio africano.

1795 Se divide y vende el cementerio africano.

1991 La construcción de un edificio de oficinas federales descubre la ubicación de un cementerio africano.

1993 El Cementerio Africano es declarado Monumento Histórico Nacional.

2003 Los huesos extraídos del Cementerio Africano vuelven a ser enterrados.

2006 El Cementerio Africano es declarado Monumento Nacional de Estados Unidos.

2007 Se concluyó el monumento diseñado por el arquitecto Rodney Léon.

GLOSARIO

arquitecto: persona que diseña y dirige un plano, un proyecto o un edificio.

artefacto: algo hecho por gente en el pasado.

controversia: argumento que implica a muchas personas que discrepan sobre algo.

demanda: una reclamación contra alguien presentada ante un juez o tribunal.

destruido: arruinado totalmente, de manera que nada permanece.

malnutrición: condición causada por una dieta inadecuada o insuficiente.

monumento conmemorativo: algo creado o hecho para recordar a gente o un acontecimiento.

mosquete: tipo de arma larga utilizada por los soldados antes de la invención del rifle.

rebelión: acción de muchas personas para provocar un cambio, a menudo por medio de la protesta o de la violencia.

sirviente bajo contrato: persona que firma un contrato acordando trabajar durante un período determinado de tiempo a cambio de un pasaje para ir a América.

toque de queda: orden o ley que requiere que la gente esté bajo techo a una determinada hora y de noche.

velar: acción por la que una persona o grupo de personas permanece en un lugar y en silencio, generalmente de noche para acompañar el cadáver de un difunto.

PARA MÁS INFORMACIÓN

LIBROS

Blashfield, Jean F. *Slavery in America*. New York, NY: Children's Press, 2012.

Cunningham, Kevin. *The New York Colony*. New York, NY: Children's Press, 2012.

Jordan, Anne Devereaux, with Virginia Schomp. *Slavery and Resistance*. New York, NY: Marshall Cavendish Benchmark, 2007.

SITIOS DE INTERNET

The African Burial Ground
www.gsa.gov/portal/content/101077
Lee sobre el descubrimiento con el que empezó todo.

African Burial Ground National Monument
www.nps.gov/afbg/index.htm
Averigua más sobre el cementerio y visitas.

Nota del editor a los educadores y padres: nuestro personal especializado ha revisado cuidadosamente estos sitios web para asegurarse de que son apropiados para los estudiantes. Muchos sitios web cambian con frecuencia, por lo que no podemos garantizar que posteriores contenidos que se suban a esas páginas cumplan con nuestros estándares de calidad y valor educativo. Tengan presente que se debe supervisar cuidadosamente a los estudiantes siempre que tengan acceso al Internet.

ÍNDICE